BONJOUR

JE M'APPELLE

Vanessa Tremblay

je lis...
j'écris...
4

collection
j'écoute... je parle...
je lis... j'écris...

Denyse Bernier

je lis...
j'écris...
4

Collection dirigée par Émile Guy, surintendant

Conseil des Écoles séparées catholiques romaines
du District de Sudbury

 guérin MONTRÉAL - TORONTO
4501 Drolet
Montréal (Québec) H2T 2G2 Canada
(514) 842-3481

Maquette de couverture et illustrations: Michel Poirier

COLLECTION

j'écoute... je parle...

je lis... j'écris...

1re année   Je lis... J'écris... **Livre 1** (Syllabaire)
cahier d'activités 1

           Je lis... J'écris... **Livre 2** (Syllabaire)
cahier d'activités 2

2e année   Je lis... J'écris... **Livre 3** (Syllabaire)
cahier d'activités 3

           Je lis... J'écris... **Livre 4** (Syllabaire)
cahier d'activités 4

3e année   Je lis... J'écris... **Livre 5**
cahier d'activités 5

Table des matières

Avant-propos

Le quatrième livre de la série *J'écoute... je parle... je lis... j'écris...* est destiné aux élèves qui ont maîtrisé les notions de lecture présentées dans les premiers volumes. Chaque leçon se présente en cinq parties.

PREMIÈRE PARTIE

Une phrase-clé figure au début de chaque leçon. Elle présente plusieurs mots-clés qui contiennent le son à l'étude. Prenons comme exemple, la phrase-clé de la première leçon: *Monsieur Larose écrase les fruits dans la bassine.* Les trois mots-clés, *Larose, écrase, bassine* contiennent la graphie du son à l'étude; la décomposition des mots de cette phrase doit permettre de présenter la (les) graphie(s) qui se prononce(nt) [z], ainsi que *ss* qui se prononce [s]. Une première étape aura pour but d'isoler les mots-clés. Une deuxième étape permettra aux élèves de découvrir que *s* se prononce [z] lorsqu'il est placé entre deux voyelles. L'enseignant(e) lit les syllabes *ose, ousson, aise, aussi, etc.* en demandant aux élèves s'il faut *un s ou deux*. On fait *entendre* les syllabes, on les fait *prononcer*, on les fait *écrire*. Par la suite, on invite les élèves à trouver des mots connus où le même son est entendu. L'enseignant(e) en écrit quelques-uns au tableau et demande aux élèves de trouver dans chaque mot, le *s* qui se prononce [z]. On trace en rouge les voyelles qui encadrent le *s*. On fait remarquer que la graphie z se prononce aussi [z].

DEUXIÈME PARTIE

Le nouvel élément n'a été étudié que dans quelques syllabes. Il faut élargir cette découverte, en remplaçant, dans ce cas-ci, les voyelles qui encadrent la graphie *s (asi, ousin, aison, oiseau)* dans la lecture et dans l'écriture des syllabes.

TROISIÈME PARTIE

Chaque graphie nouvelle doit être confrontée avec celles qui ont été apprises antérieurement afin de s'assurer que l'enfant les distingue bien les unes des autres. Dans cette première leçon, nous avons juxtaposé des syllabes et des mots qui prêtent à confusion: *case, casse, cousin, coussin, etc.* Le but de ces exercices est de créer, à la vue des signes, des réflexes articulatoires; il faudra donc obtenir une lecture de plus en plus rapide. Cette mise en contraste des lettres et des graphies oblige l'enfant à les comparer et à souligner leurs différences autant sur le plan *auditif* que sur le plan *visuel*. Les images qui séparent les séries de syllabes, illustrent le vocabulaire *(ex.: fraise, cuisinière, chaise...)* que l'élève rencontrera dans la lecture de l'historiette qui suit.

QUATRIÈME PARTIE

Pour assurer la compréhension de la lecture, on passera aux mots *(voir «Chasse aux mots»)*, puis aux phrases *(voir «Je lis ces phrases»)* et finalement aux petites histoires. Le texte de lecture expressive permettra le réemploi constant des éléments étudiés; ces historiettes, plus motivantes, plus riches que les phrases isolées, font appel à toutes les acquisitions antérieures. Ces textes seront abordés au moment où l'élève aura maîtrisé les mécanismes de décodage présentés antérieurement.

CINQUIÈME PARTIE

Il faut attacher beaucoup d'importance à l'expression orale. Une série de questions, sollicitant l'effort d'expression, accompagne chaque texte. Le questionnaire *Parlons ensemble* aide l'enfant à mieux goûter ce qu'il lit, l'incite à bien lire et facilite l'enrichissement de l'expression. L'imagination fertile du jeune enfant trouvera dans les séries de questions, un soutien qui facilitera la mise en oeuvre de l'expression.

MARCHE À SUIVRE
dans la présentation du son à l'étude

1. Étude d'une phrase-clé: présentation, décomposition, écriture.

2. Lecture et dictée de syllabes qui contiennent le son à l'étude.

3. Aux syllabes qui contiennent le son à l'étude, on ajoute celles qui ont été apprises antérieurement. Lecture et dictée de syllabes dont les graphies donnent lieu aux erreurs les plus fréquentes. Il est préférable de dicter aux plus faibles moins de syllabes qu'aux élèves plus doués.

4. Lecture de mots, de phrases et d'une historiette.

5. Afin de vérifier la compréhension du texte et d'encourager l'expression orale, l'enseignant(e) dirige l'exercice *Parlons ensemble*.

Leçon 1

Monsieur Larose écrase
les fruits dans la bassine.

Larose	écrase	bassine
ose	ouse	aussi
èse	aise	ousson
isa	oison	ission

Je lis et j'écris les syllabes.

asi   oussin   ousin

oiseau   aison   asse

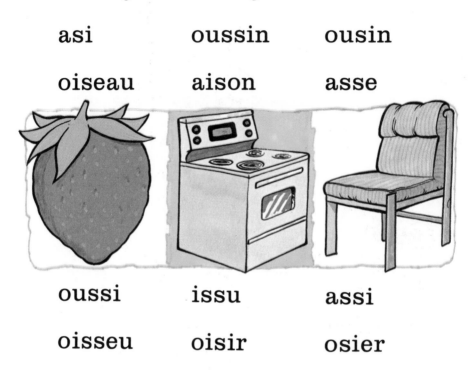

oussi   issu   assi

oisseu   oisir   osier

ATTENTION!

case - casse   ruse - russe

viser - visser   base - basse

cousin - coussin   poison - poisson

Je vais_aller   les_armoires

mes_enfants   de telles_aventures

les_oiseaux   Allons-y!

Chasse aux mots

fraise	cuisine	vaisselle	besogne
rosier	écrase	groseille	embrasse
saison	mousse	désastre	au-dessus
bêtise	épuisé	poussin	commission
pèse	boisson	blouson	salissante
causer	présent	heureuse	savonneuse

Je lis ces phrases.

1. De la pièce voisine, Lise voit Suzette poser la bassine sur la cuisinière.

2. Josée a brisé trois assiettes: quelle surprise désagréable!

3. Ma cousine Suzanne a treize ans; elle sait faire de délicieuses tartes aux framboises.

4. Nous avons la permission d'aller au magasin avec ma grande soeur, Gisèle.

5. Louise est toute confuse d'être arrivée en retard; elle baisse les yeux et rougit de honte.

Une surprise désagréable

Monsieur Larose aime beaucoup faire la cuisine. Aujourd'hui, il prépare de la confiture de fraises. Tout d'abord, monsieur Larose écrase des fraises dans une grande bassine. Ensuite, il pèse le sucre et l'ajoute aux fruits. «Voilà! La confiture mijote à feu doux. À présent, je peux aller me reposer dans la pièce voisine,» dit le bon monsieur.

Attirées par l'odeur délicieuse de la confiture, les petites jumelles accourent à la cuisine. «Tiens! Papa n'y est pas, dit Lise. Si tu veux, nous allons lui faire une belle surprise. Moi, je vais laver la vaisselle.

—Et moi, dit Louise, je vais écraser d'autres fruits. J'aime bien les confitures! Voici des cerises et des framboises. Allons-y!»

Quelle besogne salissante pour une petite fille de cinq ans! Il y a des fruits partout: sur la cuisinière, sur les chaises, sur les armoires et sur la blouse rose pâle de Louise. La pauvre enfant est fort confuse!

Pendant ce temps-là, une montagne de mousse savonneuse s'élève au-dessus de l'évier. Lise a déjà brisé deux tasses et une assiette. Elle cherche, en vain, à éponger l'eau qui coule sur les carreaux de la cuisine. La fillette est épuisée!

«C'est un désastre! s'écrie leur père en entrant dans la cuisine. Qui a fait toutes ces bêtises?» Lise et Louise baissent les yeux. Elles ont l'air tristes et embarrassées. «Nous voulions te rendre service, murmure Lise d'une voix plaintive.

—Nous voulions t'aider, ajoute Louise, le visage baigné de larmes. Monsieur Larose console ses petites filles en les embrassant bien fort.

—Vite! Aidez-moi à tout ramasser avant le retour de maman, dit le papa.

Je vous demande une chose; ne vous lancez plus dans de telles aventures sans demander la permission!»

Parlons ensemble.

1. De qui parle-t-on dans cette histoire?

2. Comment monsieur Larose prépare-t-il la confiture de fraises?

3. Où va monsieur Larose pendant la cuisson de la confiture?

4. Pourquoi les jumelles accourent-elles à la cuisine?

5. À quoi s'occupent les petites filles pendant que leur papa se repose dans la pièce voisine?

6. Que se passe-t-il lorsque Louise essaie d'écraser des fruits?

7. D'après vous, pourquoi y a-t-il une montagne de mousse dans l'évier?

8. À quoi voyons-nous que Lise est imprudente?

9. Comment monsieur Larose montre-t-il sa surprise?

10. Comment réagit le papa aux explications de ses petites filles?

Leçon 2

Malgré le vent glacé, les garçons s'amusent sans aucune crainte sur leur glissoire improvisée.

Malgré	glacé	garçon
gros	glou	go
grille	glan	gu
gris	glin	gau

Je lis et j'écris les syllabes.

gue   guin   guê

quoi   quê   gueu

gui   gué   qué

que   quê   gou

quan   gan   gau

ATTENTION!

barque - bague   quête - guêpe

quérir - guérir   quinze - guindé

quitte - guide   queue - gueux

quenouille - guenille

Chasse aux mots

glacé	gagne	pingouin	catalogue
guide	grosse	naviguer	guirlande
guère	rigole	guichet	grenouille
garde	gaieté	élégante	gourmande
grise	gueule	fatigué	engourdie
gant	glisse	longueur	gaiement

Je lis ces phrases.

1. Regardez les enfants qui font des zigzags sur la glissoire.

2. Marguerite guette le facteur qui arrive vers midi.

3. Gaston se déguise en enroulant une longue écharpe autour de sa figure.

4. Malgré le mauvais temps, Guy quitte la maison et se hasarde sur les trottoirs verglacés.

5. Assis au fond de sa barque, le jeune garçon naviguait au bord de la rivière.

6. «N'oubliez pas de refermer la grille du jardin,» dit le gardien aux gamins.

La glissoire

Malgré le vent glacé, les enfants se sont retrouvés près de la rigole, au fond du jardin. Le froid a transformé la rigole en une magnifique glissoire. Gaston est le premier à s'élancer sur la glace. Il glisse en pliant les jambes et s'arrête... sur son fond de culotte.

«Regardez! Je suis une grosse grenouille qui saute dans l'étang,» crie Gaston.

—Et moi, je suis un pingouin qui fait des zigzags sur la glace», dit Guy.

Devenus de plus en plus hardis, les garçons s'amusent sans aucune crainte sur leur patinoire improvisée. «Que c'est rigolo!» s'écrie Gaston.

La petite Marguerite, plus timide, n'ose pas se hasarder sur le trottoir verglacé. Elle redoute les chutes et ne s'aventure guère loin de la grille du jardin. Sa mère guette à la fenêtre. «Prends garde de ne pas tomber,» semble-t-elle dire à la gamine.

Engourdie par le froid, la pauvre enfant perd vite sa gaieté et veut regagner la maison. De bon coeur, son frère Gaston lui prête ses gants doublés de fourrure. Il enroule sa longue écharpe de laine grise autour de la figure de sa petite soeur. «Tu es très élégante, ainsi. Si tu veux, je serai ton guide, dit Gaston à la fillette. Tu pourras naviguer sur la glace comme un petit voilier.» La main dans la main, les deux enfants vont rejoindre les camarades sur la glissoire.

Parlons ensemble.

1. Quel temps fait-il?

2. Où les enfants s'amusent-ils?

3. Comment les garçons s'amusent-ils?

4. Qu'est-ce que Gaston et Guy essaient d'imiter?

5. À quoi voyons-nous que les garçons ne craignent pas de tomber?

6. Quel mot nous dit que les trottoirs sont très glissants?

7. D'après vous, pourquoi la maman guette-t-elle à la fenêtre?

8. Pourquoi la petite Marguerite veut-elle rentrer à la maison?

9. À quoi voyons-nous que Gaston aime bien sa petite soeur?

10. Imaginez la suite de cette histoire.

Leçon 3

En hiver, Georges fait de la luge
sur les pentes enneigées.

Georges	luge	enneigées
geon	gê	geur
geai	gen	gin
geoir	gien	gez

Je lis et j'écris les syllabes.

ge   gueu   geoi

gue   goin   gou

geau   gour   gein

gain   gean   gau

gon   gui   geon

ATTENTION!

gai - geai   longueur - largeur

gant - gens   wagon - bourgeon

guichet - gilet   Grégoire - nageoire

bagage - garage

Chasse aux mots

gentille	image	luge	patinage
général	rougir	garage	gymnaste
gorge	genou	rugir	boulangère
géant	changer	argent	mensonge
bougie	gigoter	congé	protège
nageons	nuage	siège	enneigé

Je lis ces phrases.

1. Le garagiste a réparé l'auto de Gérard.

2. Georges a rangé les bagages dans le coffre de la voiture.

3. Ginette n'est pas sage; elle hurle et trépigne de rage.

4. À la plage, Georgette nage et fait des plongeons dans l'eau profonde.

5. Monsieur Bourgeois est notre moniteur de gymnastique.

6. Ma soeur Solange ne mange que du potage, du fromage et des oranges.

Quand je serai grand

«Je m'appelle Ginette. J'aime manger des oranges, des choux à la crème, de la glace au chocolat et surtout, des gâteaux! On dit que je suis gentille, mais trop gourmande. C'est vrai! Je mange toujours. Alors quand je serai grande, je serai boulangère et pâtissière.»

«Je m'appelle Gérard. J'aime jouer avec mes autos. Tous les samedis, je lave la voiture de papa dans le garage. Je sais déjà changer un pneu. Quand je serai grand, je serai garagiste.»

« Je m'appelle Solange. J'aime regarder les images et lire les histoires amusantes. J'aime surtout jouer à l'école avec mes poupées qui sont toujours sages. Quand je serai grande, je serai jardinière d'enfants.»

«Je m'appelle Georges. En été, je vais souvent à la plage avec ma soeur, Georgette. Nous plongeons dans l'eau et nous nageons avec nos amis. En hiver, je fais de la luge sur les pentes enneigées. À l'école, je fais partie d'une équipe de gymnastes. Quand je serai grand, je serai moniteur de gymnastique.»

Extrait adapté de Frère Jacques J. Bertrand / J.-L. Frérot / Mlle G. Romary, Édition Hachette, livre 2, p. 9.

Parlons ensemble.

1. De qui parle-t-on dans cette lecture?

2. D'après vous, pourquoi les enfants se présentent-ils ainsi?

3. Pourquoi Ginette veut-elle devenir une boulangère?

4. À votre avis, Ginette va-t-elle réussir comme boulangère?

5. Quel métier a choisi Gérard?

6. Pourquoi les petits élèves de Solange sont-ils toujours sages?

7. À quel sport Georges et Georgette s'adonnent-ils en été?

8. Pourquoi peut-on dire que Georges est un petit garçon très sportif?

9. Décrivez le travail d'un moniteur de gymnastique.

10. Dites-nous, qu'allez-vous faire plus tard quand vous serez grands?

Pour consoler la petite Adrienne,
qu'est-ce qu'on lui donnera?

Adrienne	pelle	verre
benne	quelle	terre
renne	selle	guerre

tartelette	caresse
guette	messe
miette	cesse

Je lis et j'écris les syllabes.

tar	resse	fre
nelle	den	drienne

bien	frè	sienne
lette	perre	dresse
tenne	brou	celle

ATTENTION!

tresse - treize   filet - fillette

antenne - entendre   belle - bille

quelle - quille   cesse - seize

étrenne - étendre

Chasse aux mots

pierre	ficelle	noisette	côtelette
cesse	serre	vitesse	perroquet
miette	renne	adresse	blessure
quelle	galette	ennemi	antenne
messe	jumelle	caresse	sautérelle
verre	guerre	omelette	tartelette

Je lis ces phrases.

1. Juliette va nous aider à laver la vaisselle; elle tient toujours ses promesses.

2. La coccinelle est un insecte rouge à points noirs.

3. Étienne a reçu un camion à benne, une brouette, un seau et une pelle de ses grands-parents.

4. Elle console l'enfant triste avec beaucoup d'amour et de tendresse.

5. Qu'est-ce qu'un lierre? C'est une plante grimpante aux feuilles toujours vertes.

6. «Je te donnerai une jolie robe bleue avec un col de dentelle,» dit-elle à Adrienne.

De tendres promesses

Ma petite soeur, Adrienne, est bien triste.

«Pour la consoler,
dit maman,
je lui donnerai
une omelette, des côtelettes,
une tartelette et des galettes.

—Pour la consoler,
dit son grand frère,
je lui donnerai
deux coccinelles et trois sauterelles,
une petite pelle et des bouts de ficelle.

—Pour la consoler,

dit sa grande soeur,

je lui donnerai

un bijou de verre, une belle fleur de notre serre,

une feuille de lierre et une très jolie pierre.

—Et moi, chère Adrienne,

dit sa soeur jumelle,

pour te consoler, je n'ai pas d'étrennes.

Je n'ai ni brouette, ni dentelle.

Je n'ai ni galette, ni vaisselle.

Mais je t'offre mille tendresses,

mon plus beau sourire et toutes mes caresses.»

Parlons ensemble.

1. D'après vous, pourquoi la petite Adrienne est-elle triste?

2. Comment maman va-t-elle essayer de consoler la fillette?

3. Que pensez-vous de l'offrande du grand frère? Pourquoi a-t-il choisi ces présents?

4. Qu'est-ce que la grande soeur offre à Adrienne? Pourquoi la jeune fille a-t-elle choisi ces présents?

5. Comment sa soeur jumelle va-t-elle essayer de l'égayer?

6. À votre avis, quel présent Adrienne va-t-elle apprécier le plus?

7. Qu'est-ce qui vous frappe le plus dans cette façon de consoler la fillette?

Leçon 5

Serge va retrouver son frère
dans le jardin potager.

Serge   dîner
cercle   clocher
verte   parler

hier   jardinier
fier   pompier
avant-hier   épicier

(L'**r** final se prononce dans avant-**hier**, **fier** et **hier**; il est muet partout ailleurs:
atelier, écolier, premier...)

ATTENTION!

_____ er = é   ____ er ____ = èr

vernir   fier   fermer

léger   bercer   verbe

plancher

hier   gerbe   avant-hier

énervé      percher

dernier   servante

caverne   merle   traverser

cerceau

Chasse aux mots

merci	servir	percer	avant-hier
ferme	manger	averse	personne
ranger	ouverte	superbe	retrouver
fier	boucher	perle	chercher
berger	avertir	enlever	fermeture
perdre	verser	ouverte	poulailler

Je lis ces phrases.

1. Hier soir, Germaine a bercé le bébé.

2. Le fermier enlève les mauvaises herbes dans le jardin potager.

3. Il faut terminer ce travail avant la fin de la journée.

4. Bernard a cassé la fermeture éclair de son blouson vert.

5. Fernande a apporté une nouvelle couverture dans sa chambre à coucher.

6. Serge doit aller chercher des fruits dans le verger avec son cousin, Bertrand.

7. La porte de la salle à manger est ouverte; je vois Albert qui met le couvert.

À la ferme

Le petit Serge Bertrand n'a que trois ans et demi. Il cherche quelqu'un qui veut bien jouer avec lui. Mais à la ferme, chaque membre de la famille est chargé d'une besogne.

Serge va retrouver son frère dans le jardin potager. «Bernard, dit-il, veux-tu jouer avec moi?

—Oh! non, répond le grand frère. Aujourd'hui, je dois enlever toutes les mauvaises herbes dans la planche de tomates.»

Serge cherche ensuite sa soeur Germaine. Elle époussette les meubles dans la chambre à coucher. «Germaine, dit-il, veux-tu jouer avec moi?

—Oh! non, répond la jeune fille. J'ai ma

chambre à ranger. Tu vois, je recouvre mon lit de ma nouvelle couverture. C'est très bien, n'est-ce pas?»

Alors Serge va trouver sa mère dans la salle à manger. «Maman, dit-il, veux-tu jouer avec moi?

—Oh! non, mon chéri, répond madame Bertrand. Je dois préparer le repas car c'est bientôt l'heure du dîner.»

Un peu déçu, Serge va voir son père dans la remise. «Papa, dit-il veux-tu jouer avec moi?

—Oh! non, mon petit, répond monsieur Bertrand. Avant de terminer ma journée, je dois réparer ce tracteur. Il est en panne depuis mercredi.»

L'air abattu, Serge va rencontrer son grand-père qui se promène près du verger. «Grand-père, dit-il, je suis très malheureux! Je voudrais bien, moi aussi, enlever les mauvaises herbes, faire les lits, mettre le couvert et réparer le tracteur de papa... mais, je suis trop petit! Personne ne veut jouer avec moi!»

«C'est dommage, dit le grand-père. Je dois, moi aussi, accomplir quelques tâches. Si tu veux m'aider, prends ce panier et viens avec moi chercher les oeufs au poulailler.

Ensuite, nous irons donner de l'herbe aux lapins.

—Oh! oui. Je veux bien vous aider. Merci, merci, grand-père,» dit le petit avec entrain.

Serge Bertrand est heureux. Il a enfin trouvé quelqu'un qui veut jouer avec lui.

Parlons ensemble.

1. De qui parle-t-on dans cette histoire?

2. Où l'histoire se passe-t-elle?

3. À quoi Bernard est-il occupé?

4. De quoi Germaine est-elle fière?

5. Pourquoi sa maman se hâte-t-elle de mettre le couvert?

6. Depuis quel jour le tracteur de papa est-il en panne?

7. Pourquoi Serge est-il malheureux?

8. Comment le grand-père amuse-t-il son petit-fils?

9. Pourquoi Serge est-il de bonne humeur à présent?

10. Décrivez une visite que vous avez faite à une ferme.

Leçon 6

Les trois chatons s'amusent
follement sur le gazon.

Les chatons s'amusent.

Ils s'amusent.

Les souris jouent.

Elles jouent.

Comment? Follement, souvent,
gentiment, facilement...

ATTENTION!

Le chat joue.   Les chats jouent.

Ce garçon mange. Ces garçons mangent.

Un mouton broute. Des moutons broutent.

La vache meugle. Les vaches meuglent.

Et moi, je travaille.

—Tu travailles? Comment?

—Je travaille gaiément, rapidément, adroitément, agréablement, simplement...

...ent   ...ent

1. Les souris grignotent. Est-ce qu'elles grignotent doucément?
2. Les garçons gambadent. Est-ce qu'ils gambadent follément?
3. Les chatons miaulent. Est-ce qu'ils miaulent souvent?
4. Les jeunes filles s'amusent. Est-ce qu'elles s'amusent gaiément?
5. Les gens courent. Est-ce qu'ils courent rapidément?
6. Les dames nous saluent. Est-ce qu'elles nous saluent gentiment?

Je lis ces phrases.

1. Le serpent rampe lentément sur le gazon.

2. Deux petits insolents fouillent dans le tiroir de la commode.

3. Au printemps, les lilas fleurissent près de notre maison.

4. Quelques enfants gambadent gaiément sur l'herbe.

5. Ces gens passent agréablement le temps en lisant les nouveaux livres.

6. Mes parents préfèrent les vacances dans les montagnes; je préfère les vacances à la mer.

Les trois chatons

Dans le jardin du voisin, je vois des chatons.

Je vois trois chatons, trois petits diablotins

qui s'amusent gaiement sur le gazon.

Quelquefois, ils gambadent follement.

À d'autres moments, ils miaulent.

Le plus petit se plaît à griffer;

les deux autres préfèrent ronronner.

Sous le perron du voisin, je vois des souris.

Je vois trois souris, trois petites gamines

qui passent leur temps agréablement,

à taquiner les petits chatons.

Quelquefois, elles rongent des trous

et fouillent dans les boîtes sous le perron.

À d'autres moments, elles trottent rapidement

sous les moustaches des trois chatons.

Les trois coquines ne craignent pas

les griffes pointues de nos minets.

Fatigués d'avoir pris leurs ébats,

les chats s'endorment sous les lilas:

«Ron... ron... ron... ron...»

Parlons ensemble.

1. Quels sont les personnages dans cette histoire?

·2. Où cette histoire a-t-elle lieu?

3. Quel mot nous dit que ces chats sont très jeunes?

4. Comment les chatons s'amusent-ils?

5. Où s'amusent les trois petites souris?

6. Comment passent-elles leur temps?

7. Pourquoi peut-on dire que les petites souris sont vraiment effrontées?

8. Comment peut-on expliquer la façon d'agir des petites souris envers les chatons?

9. Imaginez la suite de cette histoire.

Leçon 7

J'ai soufflé les huit bougies
sur mon beau gros gâteau.

bougie	gros	gâteau
ge	gran	gan
gen	gri	gon

guirlande   pigeon

gue   geai

gué   geoi

ATTENTION!

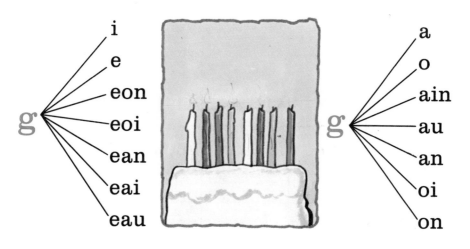

g → i, e, eon, eoi, ean, eai, eau

g → a, o, ain, au, an, oi, on

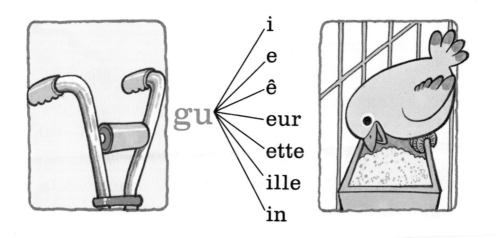

gu → i, e, ê, eur, ette, ille, in

gémir - guérir   gentille - guenille

lange - langue   geste - guette

longe - longue

Chasse aux mots

gilet	étagère	gymnase	guimauve
argent	gigoter	feuillage	grand-père
gelée	fougère	guenille	bourgeon
geste	langue	guerrier	braguette
réagir	verglacé	déguiser	garagiste
geai	aiguisé	baguette	nageoire

Je lis ces phrases.

1. Le guidon de mon vélo sert à en diriger la roue avant.

2. Pour Noël, notre maison est garnie de longues guirlandes rouges et vertes.

3. La mangeoire est une auge qui contient la nourriture de certains animaux.

4. Sur les gâteaux d'anniversaire, on met souvent des bougies multicolores.

5. À cette soirée, tous les gens portaient des gants blancs.

6. Gilberte Mongeon avait apporté un gros bouquet de marguerites à sa grand-mère.

Mon anniversaire

Aujourd'hui, c'est mon anniversaire.
Aujourd'hui, j'ai huit ans.
Maman m'a fait un gros gâteau,
un beau gâteau, un beau gros gâteau,
garni de gelée de fraises et de crème fraîche.

Papa a allumé huit bougies:
deux vertes, deux blanches,
deux jaunes et deux rouges.
Grand-mère a apporté des marguerites
qu'elle a tressés en guirlandes.

On m'a donné des présents magnifiques!
De l'argent de mon grand-père,
un canif bien aiguisé,
une mangeoire pour mes pigeons,
un guidon neuf pour mon vélo.
J'ai reçu une luge rapide, des gants gris pâle,
un gilet de laine, une bague merveilleuse!
Et de mon meilleur ami, Gilbert,
un superbe geai bleu dans une cage
faite de menus bâtons d'osier.

Aujourd'hui, c'est mon anniversaire.
J'ai soufflé mes huit bougies.
J'ai embrassé mes parents, mes amis.
Quel bon et heureux anniversaire!

Parlons ensemble.

1. Quel âge a le petit garçon?

2. Qu'est-ce que sa mère a préparé pour son anniversaire?

3. De quelle façon papa a-t-il participé à la fête?

4. Comment grand-mère a-t-elle contribué aux préparatifs?

5. Énumérez les cadeaux que le petit garçon a reçus de ses parents et de ses amis.

6. D'après vous, quel cadeau préfère-t-il? Dites pourquoi.

7. Comment le petit garçon montre-t-il sa reconnaissance?

8. Rédigez une carte pour offrir vos voeux d'anniversaire à un(e) ami(e). N'oubliez pas les illustrations.

Le bel oiseau vert vole dans la
pièce et met le collier dans la
poche d'une veste.

bel	vert	veste
quel	cher	geste
sel	fer	presque

bec	chef
sec	bref
avec	nef

ATTENTION!

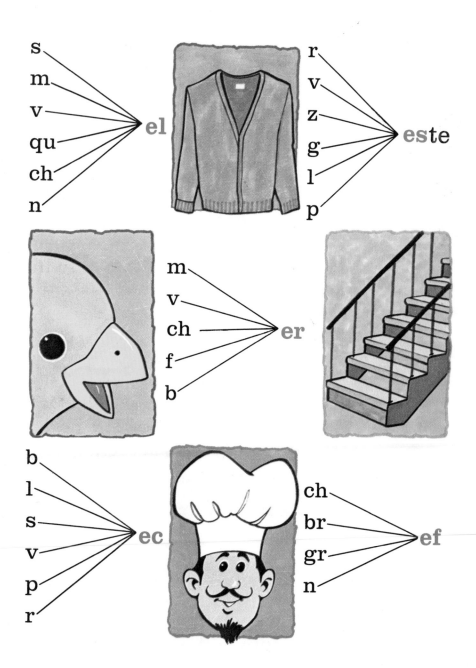

s
m
v
qu
ch
n

el

r
v
z
g
l
p

este

m
v
ch
f
b

er

b
l
s
v
p
r

ec

ch
br
gr
n

ef

Chasse aux mots

bec	cuiller	travers	escargot
réel	cruel	escalier	espadrille
fer	geste	naturel	vestiaire
ciel	tunnel	Rachel	rectangle
bel	lecteur	insecte	découvert
zeste	lequel	escalier	quelqu'un

Je lis ces phrases.

1. Quel livre de lecture le cher petit Michel préfère-t-il?

2. Aujourd'hui, on retrouve plusieurs appareils électriques dans presque toutes les cuisines.

3. Gabriel Albert attendait dans le vestibule de notre logis depuis quinze minutes.

4. Monsieur Lambert porte une vieille veste rapiécée.

5. C'est dommage! Le fermoir de ton bracelet est ouvert.

6. Malheureusement, mon grand frère, Gilbert, a été trop bref lorsqu'il a répondu à ma question.

Le collier de perles

On a perdu le collier de perles de madame Lambert. C'est la petite Rachel qui l'a emprunté sans la permission de sa maman. Elle l'a porté dans la maison ainsi que dans le jardin. Mais, hélas! le fermoir du collier s'est brisé et le superbe collier de perles de madame Lambert a disparu. Toute la famille Lambert cherche le bijou précieux. «Mon cher Michel, dit madame Lambert à son fils, as-tu regardé sous les livres de lecture de Rachel?

—Oui, maman, répond le jeune homme. J'ai même regardé à l'intérieur des espadrilles que l'on avait déposées dans le vestiaire.

—Et toi, Rachel? demande la mère.

—Oh! maman, répond la fillette en larmes. J'ai cherché ton magnifique collier de perles partout! Malheureusement, je ne le trouve pas.

—Je sais que ton chagrin est réel, ma petite. Si nous regardions ensemble dans le vestibule, propose la mère. Ton père a déjà fouillé, en vain, sous l'escalier à la rampe de fer.»

Pendant ce temps, un bel oiseau vert se pose sur le bord de la fenêtre entrouverte. Dans son bec, il tient le collier de perles de madame Lambert. «Il y a quelqu'un ici? dit-il. Je cherche une dame qui a perdu un collier de perles.» Puisque personne ne répond, le bel oiseau vole dans la pièce et met le collier dans la poche d'une veste. Ensuite, il s'envole dans le ciel bleu.

Il fait presque nuit et la famille Lambert cherche encore dans les moindres recoins de la maison. Monsieur Lambert enfile sa veste afin de chercher une dernière fois dans le jardin. «Mais, qu'est-ce que c'est?» dit le père, en retirant le collier de perles de sa poche. Quel étonnement! Quel mystère! On pose mille questions à ce pauvre monsieur Lambert qui regarde le collier de perles d'un air hébété.

«Qui a mis le collier dans la poche de ma veste? demande le père.

—Ça doit être la fée des perles qui a bien voulu retourner ce bijou à maman, dit Rachel. De toute façon, je ne toucherai plus jamais aux choses des autres. Je vous le promets!» dit la fillette d'un ton décidé.

Parlons ensemble.

1. De quel objet précieux parle-t-on dans cette histoire?

2. Comment le collier de perles a-t-il disparu?

3. Où Michel cherche-t-il le collier?

4. À quoi voyons-nous que Rachel a beaucoup de peine d'avoir perdu le collier de maman?

5. Comment maman console-t-elle la fillette?

6. Où l'oiseau vert aurait-il pu trouver le précieux collier de perles?

7. D'après vous, pourquoi personne ne répond au petit oiseau?

8. Où l'oiseau vert cache-t-il le collier?

9. Pourquoi monsieur Lambert met-il sa veste?

10. Quel mot nous dit que le père est très surpris?

11. Comment Rachel explique-t-elle la présence du collier dans la poche de la veste?

12. Quelle promesse fait la jeune fille?

Leçon 9

Philippe et Catherine habitent
rue des Hirondelles,
près de la cathédrale.

Philippe	Catherine
pharmacie	cathédrale
téléphone	théâtre
rhume	habitent
enrhumé	hirondelle

dehors
aujourd'hui

Indiquer que la lettre *h* ne se prononce jamais en français. L'ensemble *ph* se prononce [f].)

ATTENTION!

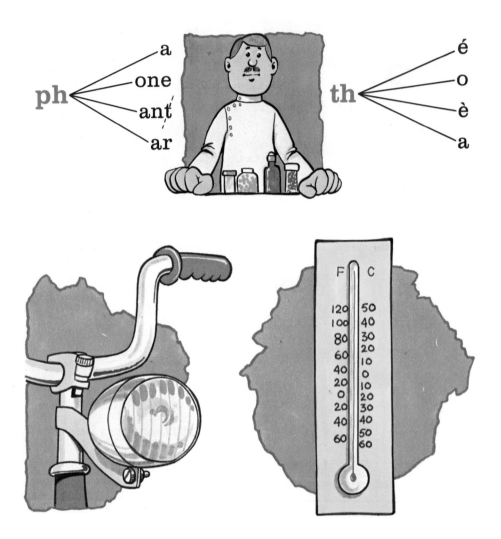

ph → a, one, ant, ar

th → é, o, è, a

le héros - les héros

le haricot - les haricots

le homard - les homards

la hanche - les hanches

l'homme - les hommes

l'histoire - les histoires

l'hôtel - les hôtels

l'hiver - les hivers

Chasse aux mots

rhume	hôtel	dehors	pharmacie
phare	théâtre	hôpital	hâte-toi
huit	menthe	plinthe	hirondelle
héros	hésiter	hiver	téléphone
thé	homme	horloge	rhubarbe
photo	phrase	bonheur	éléphant

Je lis ces phrases.

1. Il faut lui téléphoner de venir tout de suite.

2. Aujourd'hui, le temps est couvert et humide.

3. Le thermomètre sert à mesurer la température.

4. L'évêque a dit la messe à la cathédrale.

5. Serge Pharand habite une petite maison près de la bibliothèque municipale.

6. Catherine est tout heureuse; sa cousine va lui raconter de belles histoires.

7. Le pharmacien a préparé des remèdes contre la fièvre pour Catherine qui est aussi très enrhumée.

Chez le pharmacien

Philippe est le grand frère de Catherine Robert. Il a toujours rêvé d'être médecin et de soigner les malades. Philippe et Catherine habitent rue des Hirondelles, près de la cathédrale. Aujourd'hui, Catherine a un gros rhume. Madame Robert téléphone au médecin. Il va falloir aller chercher des médicaments à la pharmacie. «Hâte-toi, Philippe, dit sa mère. Le pharmacien t'attend!» Il n'y a pas à hésiter; le temps presse.

Dehors, le ciel est noir; l'air est humide. Philippe allume le phare de son vélo. Il passe devant l'hôpital, le théâtre, puis l'hôtel de ville. À la pharmacie, il achète un thermomètre, des remèdes contre la toux et des comprimés d'aspirine. Il achète aussi des pastilles de menthe pour sa petite soeur.

De retour à la maison, Philippe lui offre les pastilles de menthe ainsi que huit livres d'histoires qu'il a apportés de la bibliothèque municipale. Catherine est tout heureuse. «Philippe, tu es un médecin parfait, lui chuchote sa petite soeur, d'une voix enrhumée. Tu es mon héros préféré.»

Parlons ensemble.

1. Où habite la famille Lambert?

2. À quoi voyons-nous que Catherine est malade?

3. Qu'est-ce que Philippe doit faire pour sa maman?

4. Pourquoi Philippe allume-t-il le phare de sa bicyclette?

5. Qu'est-ce qu'il achète à la pharmacie?

6. Pourquoi Catherine est-elle tout heureuse?

7. D'après vous, pourquoi Philippe est-il fier du compliment que lui fait sa petite soeur?

8. Décrivez un petit service que vous avez récemment rendu à quelqu'un.

Leçon 10

Si Martial apprend sa récitation,
il ira au terrain d'aviation avec
son père.

Martial	récitation	station
initiale	aviation	portion

patient   impatience
acrobatie   natation

ATTENTION!

ti = **si** dans les mots suivants

ration

potion

émotion

invention

correction

position

opération

ambitieux

habitation

minutieux

collection

avion à réaction

Chasse aux mots.

punition	portion	hésitation
condition	aviation	impatient
invention	direction	répétition
rédaction	réparation	construction
nation	situation	invitation
patience	acrobatie	récitation

Je lis ces phrases.

1. Attention! Tous les écoliers vont descendre à la prochaine station d'autobus.

2. Les points et les virgules sont des signes de ponctuation.

3. Pendant les vacances, il y a beaucoup plus de circulation sur les routes.

4. Si tu ne boucles pas ta ceinture de sécurité, l'agent de police va te donner une contravention.

5. Qui doit faire la correction des additions et des soustractions dans mon cahier de calcul?

6. À la récréation, on entendait les lamentations de Martial qui avait raté son cours de natation.

Les devoirs de Martial

Assis à la grande table dans la salle à manger, Martial Lebrun fait ses devoirs en maugréant.

«Ces additions sont difficiles! Je ne finirai jamais cette rédaction! Et toutes ces soustractions à corriger! J'aurais dû compléter mon travail en classe au lieu de rêver. Je n'aurai jamais le temps d'apprendre ma récitation. Quelle corvée!»

Monsieur Lebrun, qui lit son journal, entend les lamentations de son fils.

«De quoi te plains-tu ainsi? demande-t-il à Martial.

—Oh! Papa. Il me semble que tous les mots qui se terminent par "*tion*" me causent des ennuis.

—Comment? Des ennuis?

Sans aucune hésitation, Martial se met à réciter une longue liste de mots.

—Eh bien! il y a les additions et les soustractions, les rédactions et les récitations, tous les signes de ponctuation et surtout, les corrections et les punitions!

—Mon cher petit, dit monsieur Lebrun en souriant. J'aimerais faire la révision de tous ces mots qui se terminent par "*tion*". Je parie que je vais en trouver plusieurs qui te plairont. Je sais que tu aimes faire de la natation.

—Ah! Bien sûr!

—Et aussi, jouer dans la cour de récréation.

—Certainement!

—Tu ne refuses jamais une invitation à une fête, ni ta portion de gâteau au chocolat.

—Entendu, papa!

—Il y a aussi ton jeu de construction et tes petites voitures avec la station d'autobus.

—D'accord! Mais Papa, aurais-tu oublié la contravention que l'agent de police t'a donnée l'autre jour?

—Je n'ai rien oublié! Par contre, je suis toujours content lorsque l'agent dirige la circulation à l'heure de pointe. Comme tu vois, il faut toujours voir les bons côtés d'une situation.

—J'aime beaucoup ton point de vue, papa! Si tu veux, nous irons au terrain d'aviation dimanche prochain. Il y aura des avions à réaction qui feront des acrobaties dans le ciel.

—Je veux bien, mais à une condition; apprend ta récitation et fais attention à tes soustractions.»

Parlons ensemble.

1. Pourquoi Martial Lebrun a-t-il beaucoup de devoirs à la maison?

2. Quel mot nous dit que Martial est de mauvaise humeur?

3. Qui entend ses lamentations?

4. Parmi les mots qui se terminent par *tion*, lesquels Martial trouvent-ils ennuyeux?

5. À quoi, voyons-nous que monsieur Lebrun préfère voir les bons côtés d'une situation?

6. Parmi les mots qui se terminent par *tion*, lesquels plaisent le plus à Martial?

7. Martial veut taquiner son papa. Comment s'y prend-il?

8. Comment monsieur Lebrun répond-il à cette taquinerie?

9. Quelle qualité possède monsieur Lebrun?

10. Monsieur Lebrun veut bien amener son fils au terrain d'aviation, mais quelles sont ses conditions?

Leçon 11

Pendant ses vacances,
Sylvain fait un court voyage
chez son oncle Yvon.

y = i	y = ii
Sylvie	voyage
Yvon	rayon
nylon	essuyer
pyjama	asseyons-nous
cygne	nettoyer

ATTENTION!

ay — er, u, on, an

uy — au, on, er, an

n, c, t, st — y — lon, gne, pe, lo

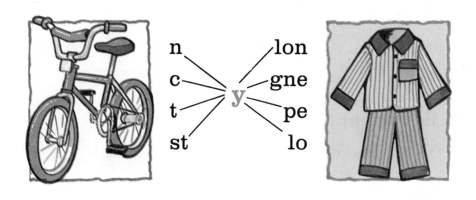

oy — on, er, al, elle

ey — é, on, au, ez

77

Chasse aux mots

crayon	rayon	voyage	balayeuse
foyer	les yeux	syllabe	bruyante
aboyer	loyer	envoyer	gymnase
voyons	tuyau	effrayant	bicyclette
fuyons	royal	appuyer	tournoyer
stylo	balayer	voyelle	s'ennuyer

Je lis ces phrases.

1. Yvon et Sylvie rient en s'amusant; ils sont joyeux.

2. Maman a essuyé les larmes du bébé.

3. Yvonne porte un pyjama en nylon, à rayures vertes et blanches.

4. Yvon est un garçon dynamique; il fait sa gymnastique tous les jours.

5. Vous avez bien nettoyé votre logis; maintenant, asseyez-vous et lisez.

6. Il va essayer de déblayer le chemin avec le chasse-neige.

Le voyage de Sylvain

Sylvain est un jeune garçon très dynamique. Tous les jours, il fait sa gymnastique pendant quinze minutes. Regardez-le tournoyer comme une toupie! Quelquefois, il fait un tour à bicyclette autour du pâté de maisons.

Le garçonnet aide ses parents à nettoyer leur logis. Il peut balayer les carreaux de la cuisine, essuyer la vaisselle et épousseter les rayons de la bibliothèque. Le jeune garçon n'a pas le temps de s'ennuyer.

Pendant les vacances, Sylvain fait un court voyage à la campagne chez son oncle Yvon. Dans sa valise, il met un pyjama et une jolie chemise à rayures rouges et blanches. Il a déjà essayé les chaussures neuves que sa mère lui a achetées. Tout joyeux, Sylvain monte dans le wagon.

«Au revoir et bon voyage, Sylvain. Il faut nous envoyer un message dès ton arrivée à la gare,» lui disent ses parents.

Parlons ensemble.

1. Pourquoi dit-on que Sylvain est un jeune garçon dynamique?

2. À quoi peut-on comparer le jeune garçon lorsqu'il fait sa gymnastique?

3. Comment Sylvain aide-t-il ses parents?

4. Comment sa mère récompense-t-elle le garçonnet?

5. Qu'est-ce qu'il y a dans sa valise?

6. Quelle phrase nous dit que Sylvain est content de faire un voyage en train?

7. À quoi voyons-nous que ses parents sont un peu inquiets de voir partir le jeune garçon seul?

8. Avez-vous déjà voyagé en train? Racontez votre voyage à vos compagnons.

Je vous présente une famille
d'écureuils; c'est la famille Casse-
Noisettes.

écureuil	Casse-Noisettes
co	can
coi	cau
cou	coin
con	caille
clô	crain

Je lis et j'écris les syllabes.

ca   gau   co

gon   cu   gu

gou   con   goire

caille   gain   goin

grouille   croire   grille

ATTENTION!

gris - cris   cran - grand

gage - cage   crin - grain

glace - classe   car - gare

gomme - comme   coûter - goûter

Chasse aux mots

casse	recule	Canada	écureuil
camion	haricot	abricot	côtelette
biscuit	crayon	crapaud	mercredi
conduit	croque	raconte	électrique
cravate	croûte	ridicule	tricotant
dicte	lecture	confiture	cuisinière

Je lis ces phrases.

1. Claude préfère vivre à la campagne plutôt qu'en ville.

2. Tous les jours, le facteur distribue le courrier: les lettres, les colis, les cartes postales.

3. À la récréation, mon camarade nous a parlé de leur chalet au bord du lac.

4. Ils ont fini la construction de l'école à la fin du mois d'octobre.

5. Comme récompense, mon père m'a acheté un cornet de frites.

6. Claudine n'aime pas laver la vaisselle; elle n'aime surtout pas récurer les marmites et les casséroles.

La famille Casse-Noisettes

Je vous présente une famille d'écureuils;
c'est la famille Casse-Noisettes. Monsieur
Casse-Noisettes conduit
un camion à benne. Avec
son camarade le coq, il
quitte la maison au lever
du soleil.

Madame Casse-Noisettes est facteur. Elle
distribue le courrier à la campagne. Les gens
aiment bien recevoir des lettres et des colis.
Madame Casse-Noisettes rentre chez elle très

tard. Le soir, sa famille
l'aide à préparer les
haricots jaunes, à mettre
les biscuits dans le four
de la cuisinière électrique,
et à récurer les casseroles.

Madame Casse-Noisettes se repose en tricotant
une cravate pour son mari.

Les deux enfants, Claude et Claudine vont
à l'école. Madame la Tortue, la maîtresse

d'école, raconte de belles histoires. Elle parle
de notre pays, le Canada,
de ses lacs et de ses
parcs. Madame la Tortue
distribue les crayons, puis
elle dicte quelques phrases
tirées d'un livre de lecture.
À la récréation, elle récompense
ses élèves en leur offrant un cornet
de papier, rempli de noisettes.

Parlons ensemble.

1. Comment monsieur Casse-Noisettes gagne-t-il sa vie?

2. Pourquoi les gens, à la campagne, sont-ils contents de voir arriver madame Casse-Noisettes?

3. Quelles sont les tâches que la famille se partage?

4. Le soir, comment madame Casse-Noisettes se repose-t-elle?

5. Qui est l'institutrice de Claude et de Claudine?

6. De quoi parle-t-elle?

7. Comment récompense-t-elle les élèves qui ont bien travaillé?

8. Cette histoire est-elle réelle? Dites pourquoi.

Leçon 13

Dame **C**igogne s'élan**c**e dans le **c**iel bleu.

Cigogne	s'élan**c**e	**c**iel
cin	**c**eu	**c**eur
cille	**c**en	**c**ein
cien	**c**elle	**c**ienne

ATTENTION!

c = s devant e et i

| rhu | cin | pro |
| cieux | reuil | tien |

gne	çoi	cesse
ceau	cion	bli
gue	phar	cy

| ce - que | ça - ca | ces - quai |
| ci - qui | çoi - coi | c'est - qu'est |

Chasse aux mots

ciel	service	lacet	silencieux
ceux	cigogne	sucette	princesse
merci	cerveau	descend	saucisse
docile	noirceur	cinquante	aviatrice
c'est	grimace	cymbale	malicieux
mince	pinceau	citron	pharmacien

Je lis ces phrases.

1. Ce père a l'air soucieux parce que Cécile n'est pas rentrée à la maison.

2. En cas d'urgence, appelez le médecin à ce numéro.

3. Le petit François s'élance dans les bras de sa tante Lucille.

4. La vieille voiture de Marcel circule lentement dans les rues de la ville.

5. Cette leçon d'orthographe est beaucoup trop difficile.

6. La distance de ma maison à mon chalet est d'environ vingt-cinq kilomètres.

La famille Casse-Noisettes
(suite)

Claude et Claudine ne vont pas à l'école aujourd'hui. Ils sont enrhumés. Monsieur Casse-Noisettes est très soucieux de la santé de ses enfants.

«Il faut aller chez le médecin et chez le pharmacien, dit le papa. Mais, quelle longue distance à parcourir! Il n'y a pas de train dans la forêt; il faut cinq jours pour aller et pour revenir. C'est un voyage très difficile! Et mes pauvres petits écureuils? Que vont-ils devenir?

—Prenez l'avion, lui propose madame la Tortue.

—Mais voyons, il n'y a pas d'avion ici!

—Et les cigognes alors! Elles volent aussi vite et aussi haut que les avions à réaction.

—Tiens, en voilà une qui circule au-dessus de la cime du grand sapin vert.

—Dame Cigogne! Venez! Venez ici!

—Qu'y a-t-il donc?

—C'est monsieur Casse-Noisettes qui doit aller, en toute urgence, chez le médecin et chez le pharmacien. Ses enfants sont très malades!

—Ah, oui! Mais, c'est vous monsieur qui avez fermé votre porte au bec de monsieur Portefeuille, l'oiseau chanteur des bois. Vous n'avez pas voulu partager vos noisettes quand il avait faim. Alors, marchez et sautez maintenant! dit la cigogne d'un petit air malicieux.

—Je ne le ferai plus, c'est promis, dit monsieur Casse-Noisettes, tout contrit.

—Promis? Bon, en route, je vous amène.»

Madame la Cigogne, notre brave aviatrice, prend monsieur Casse-Noisettes dans ses pattes et s'élance dans le ciel bleu. En trois coups d'ailes, les voilà arrivés chez le médecin et aussitôt revenus. «Merci beaucoup, madame la Cigogne. Je n'oublierai jamais ce grand service que vous m'avez rendu.»

Et depuis, monsieur Casse-Noisettes ouvre sa porte toute grande à tous ceux qui viennent y frapper. Monsieur Casse-Noisettes a bien appris sa leçon.

Extrait adapté de Frère Jacques J. Bertrand / J.-L. Frérot / Mlle G. Romary. Édition Hachette, livre 2, p. 61.)

Parlons ensemble.

1. Pourquoi Claude et Claudine s'absentent-ils de l'école?

2. De quoi monsieur Casse-Noisettes se plaint-il?

3. Qu'est-ce que madame laTortue lui propose?

4. Pourquoi madame la Cigogne refuse-t-elle d'amener monsieur Casse-Noisettes chez le médecin?

5. Qu'est-ce qui lui fait changer d'idée?

6. Pourquoi appelle-t-on madame la Cigogne, une brave aviatrice?

7. Comment monsieur Casse-Noisettes exprime-t-il sa reconnaissance?

8. À quoi voyons-nous que monsieur Casse-Noisettes a appris une bonne leçon?

9. Parlez-nous un peu d'un service que vous avez rendu à quelqu'un dans le besoin.

Leçon 14

«**E**xcusez-moi d'être en retard, mais l'avion n'a pas décollé à l'heure e**x**acte.

x = ks

e**x**cusez

ta**x**i

e**x**tra

ex = ègz

e**x**acte

e**x**emple

e**x**ercice

x = s

si**x**, di**x**

soi**x**ante

x = z

si**x**ième

deu**x**ième

(Indiquer, que **x** = 2 lettres: **k** et **s**. Attention! Au début d'un mot, **ex** suivi d'une voyelle se prononce **ègz**)

x = ks

axi	oxeur	ixé
exclu	expli	excelle

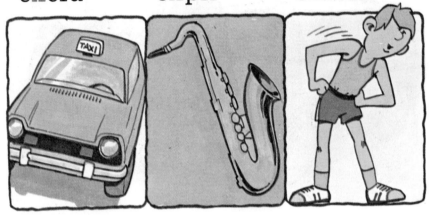

ex = ègz

exa	exi	exau
exé	exor	exul

ATTENTION!

si**x** amis
   z

si**x** tomates

di**x** oranges
   z

di**x** garçons

di**x** hommes
   z

di**x** héros

(Indiquer que *six* et *dix* se prononcent *si* et *di* devant un pluriel commençant par une consonne ou un h aspiré. Ils se prononcent *siz* et *diz* devant une voyelle ou un h muet.)

Chasse aux mots

boxe	vexer	index	explique
dix	exaucer	excuse	perplexe
fixer	exprès	dixième	exceller
extra	exige	examine	exemple
taxe	exercer	exprime	excellent
excité	relaxer	excusez	soixante

Je lis ces phrases.

1. Le dentiste va lui extraire six dents cariées.

2. Le saxophone et le xylophone sont des instruments de musique.

3. Je suis très fort; je fais des exercices pendant dix minutes tous les jours.

4. Alexandre appelle un taxi; il doit assister à un tournoi de quilles et il veut être à temps.

5. Ma petite soeur exagère lorsqu'elle m'éveille à six heures tous les matins.

6. Vendredi prochain, nous allons faire une excursion extraordinaire dans les montagnes.

Un grand-père extraordinaire

Alexandre attend avec impatience l'arrivée de son grand-père, un sportif de soixante-dix ans. Ah! Voilà un taxi qui s'arrête devant la porte. Le grand-père en descend avec son chien, Médor, qui aboie tout excité.

«Excusez-moi d'être en retard, explique le vieillard, mais l'avion n'a pas décollé à l'heure exacte. Nous sommes partis seulement vers dix heures.

—Bonjour grand-papa, dit Alexandre. Nous espérons que vous vous plairez chez nous. Par exemple, nous avons d'excellents programmes à la télévision.

—La télévision? Ah non! Moi, je préfère m'exercer au grand air avec un ballon. Tu vas venir jouer avec moi, n'est-ce pas?

—Je veux bien, grand-papa.

—À la bonne heure! Demain matin, nous allons nous lever à six heures afin de faire notre gymnastique.

—À six heures, grand-papa?

—Bien sûr! Il faut se lever très tôt le matin si l'on veut avoir le temps de faire une excursion dans les montagnes.

—Une excursion dans les montagnes, grand-papa?

—Certainement! Mais il ne faut pas exagérer! On doit aussi savoir relaxer. À notre retour, nous pouvons regarder un match de boxe à la télévision. Ou encore, je peux vous offrir un petit concert; j'ai appris à jouer du saxophone depuis ma dernière visite. Vous pouvez vous reposer tout en écoutant de la belle musique.

Les propositions du grand-père laissent Alexandre tout perplexe. «On m'avait dit que mon grand-père était un homme extraordinaire, pense le petit garçon. Mais je ne croyais jamais qu'il pouvait exceller dans autant de domaines. Tout songeur, il se dirige vers sa chambre.

—Alexandre, tu veux venir avec moi? demande le grand-père à son petit-fils. Mon chien Médor doit faire son exercice.

—Oh! non, merci, grand-papa, répond le garçonnet. Il se fait tard et je suis très fatigué. Je vais aller me coucher afin d'être en forme demain matin. Bonne nuit, grand-papa!»

Parlons ensemble.

1. Décrivez le grand-père d'Alexandre.

2. Pourquoi le grand-père s'excuse-t-il en descendant du taxi?

3. Qu'est-ce qu'Alexandre s'était proposé de faire avec son grand-père?

4. Quelle phrase nous dit que le grand-père préfère autre chose?

5. Comment le grand-père a-t-il l'intention de passer la journée du lendemain?

6. D'après vous, pourquoi Alexandre répète-t-il certaines paroles du grand-père?

7. Comment le grand-père propose-t-il de se détendre après une excursion dans les montagnes?

8. Pourquoi le petit garçon est-il perplexe?

9. Pourquoi Alexandre va-t-il se coucher au lieu de sortir avec son grand-père?

Leçon 15

Un vaisseau spatial atterrit derrière les buissons situés non loin de chez nous.

buisson	situés
pui	nué
cui	rué
fui	tué

juin

ATTENTION!

n
b
r
t
s
→ **ué**

p
l
c
d
m
→ **ieu**

c
l
n
p
f
→ **ui**

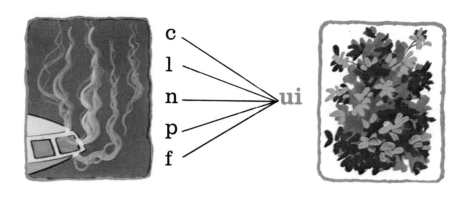

v
ch
g
→ **ien**

j
ch
s
→ **uin**

Chasse aux mots

huit	fruit	cuivre	détruire
ruée	tuile	puissant	luisante
bruit	ensuite	suée	je suis
pluie	remué	conduire	s'enfuit
juin	ennui	cuiller	parapluie
tué	cuisine	juillet	puisque

Je lis ces phrases.

1. Lucien essuie la buée sur le pare-brise de son auto.

2. Notre maison est située au milieu de notre village.

3. Madame Dupuis surveille la cuisson de ses biscuits.

4. Une nuée d'oiseaux volent au-dessus des buissons.

5. Le gros chien du gardien va poursuivre ces pauvres petits agneaux.

6. Il pleut à verse depuis le début du mois de juin. Quel déluge!

Le petit Martien

Il pleut depuis huit jours. La rivière est sortie de son lit; les rues sont pleines d'eau. Quel déluge! Un vaisseau spatial apparaît dans une nuée de vapeur. Il atterrit derrière les buissons situés non loin de chez nous. Un petit bonhomme verdâtre, recouvert d'écailles, quitte le vaisseau spatial. Il se dirige, sans bruit, vers la maison de monsieur Dupuis. C'est un Martien qui est venu se renseigner au sujet des êtres humains.

Malheureusement, monsieur Dupuis n'est pas chez lui. Le pauvre homme a de graves ennuis car l'eau a envahi sa maison. Elle est entrée dans la cuisine, dans la salle à manger et même dans les chambres à coucher. Cette nuit, monsieur Dupuis a dû se réfugier sur le toit de sa maison.

Notre petit bonhomme vert a bien pitié de ce pauvre monsieur, perché sur le toit de la maison, en chemise de nuit. «Je vais lui apporter quelques vêtements secs et un grand parapluie.» Les bras chargés de provisions, le petit être extra-terrestre monte à son tour sur le toit de la maison.

Monsieur Dupuis n'en croit pas ses yeux. «C'est sans doute un mauvais rêve, se dit-il. Ce petit être recouvert d'écailles luisantes n'existe vraiment pas.

—Mon cher Monsieur, je suis votre ami, dit le petit Martien, dans son langage étrange. Je vous apporte des vêtements chauds, de bons biscuits, quelques fruits et un grand parapluie.»

En entendant cette voix grinçante, monsieur Dupuis est saisi de panique. Il s'empare du parapluie, l'ouvre bien grand, puis s'élance dans le vide. Le petit Martien est fort perplexe. «Un parapluie n'est tout de même pas un parachute, dit-il. Et puis, pourquoi cet homme s'enfuit-il ainsi? Je n'y comprends rien! Inutile de le poursuivre! Il vaut mieux que je rentre chez moi le plus tôt possible.»

Le petit Martien essuie la buée sur les vitres de son vaisseau spatial. Il jette un dernier coup d'oeil sur la terre détrempée par la pluie. Ensuite, il s'installe devant le tableau de bord et s'envole dans l'espace, vers la brillante étoile du matin.

Parlons ensemble.

1. De qui parle-t-on dans cette histoire?

2. Décrivez le petit Martien.

3. Pourquoi est-il venu sur la terre?

4. Pourquoi monsieur Dupuis est-il assis sur le toit de sa maison?

5. Quel sentiment éprouve le Martien en voyant monsieur Dupuis sur le toit de sa maison?

6. Comment lui vient-il en aide?

7. Comment réagit monsieur Dupuis lorsqu'il entend le langage étrange du petit Martien?

8. Pourquoi le petit Martien est-il perplexe?

9. Quelle décision prend-il?

10. Quelle planète appelle-t-on l'étoile du matin?

Leçon 16

Comme récompense, Colin
reçoit une sucette au citron.

Comme	reçoit
ca	çan
cu	çais
citron	sucette
cien	ceur
cin	ceau

ATTENTION!

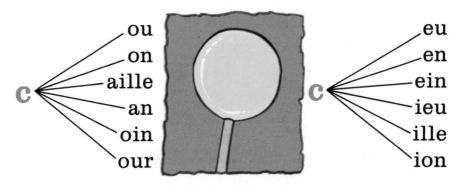

c — ou
c — on
c — aille
c — an
c — oin
c — our

c — eu
c — en
c — ein
c — ieu
c — ille
c — ion

ç — on
ç — a
ç — u
ç — oi

a — c
i — c
u — c
o — c

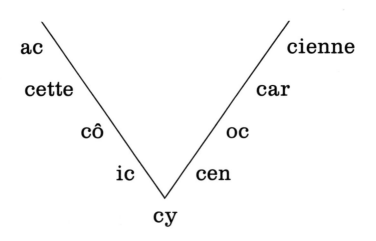

ac
cette
cô
ic
cy
cen
oc
car
cienne

Chasse aux mots

félicite	distance	français	celui-ci
cercle	piscine	dentifrice	annonce
pièce	cierge	ceinture	locomotive
actrice	écorché	participe	prononcer
tracteur	réacteur	casserole	silencieux
cintre	vacance	crocodile	escargot

Je lis ces phrases.

1. Florence accompagne son frère chez le docteur Couture.

2. Jean-Luc a raconté une histoire très comique à ses camarades de classe.

3. «Qu'est-ce que Cécile a acheté à l'épicerie? —De la saucisse, une citrouille et des sucettes au citron.»

4. Nicole est très mécontente; le garçonnet continue à ricaner même quand elle fronce les sourcils.

5. Notre institutrice a donné une récompense à Marcel parce qu'il sait bien sa leçon de lecture.

Une visite à l'école

Au début du mois de juin, l'école Jacques-Cartier invite les parents à visiter la classe de leurs enfants. La maman de Jean-Luc Couture va saluer Mademoiselle Caroline, l'institutrice de son fils qui est en deuxième année. Le petit Colin, âgé de cinq ans, accompagne sa maman. Tous les matins, il va à la maternelle avec ses amis. Mademoiselle Caroline présente une leçon de syllabation devant les parents qui écoutent silencieusement, attentivement.

«Avec **c** qui se prononce **k**, quels mots faites-vous? demande Mademoiselle Caroline à ses élèves.

—Je connais plusieurs mots, répond Cécile. Je peux faire **confiture**, **docteur** et **escargot**.

—Et moi, je fais **casserole**, **tracteur** et **locomotive**, ajoute Florence.

—Pourquoi pas **Nicole**? dit le petit Colin. C'est le nom de ma mère.

—Chut! dit madame Couture. Tu as interrompu la leçon de mademoiselle Caroline. Écoute bien!»

Les élèves ricanent. Mademoiselle continue sa leçon.

«Avec **c** qui se prononce *s*, quels mots faites-vous?

—Je fais **citrouille**, **princesse**, **saucisse** et **cinquante**, dit Marcel.

—Et moi, je fais **cintre**, **pharmacie** et **citron**, ajoute Patricia.

—J'aime beaucoup les tartes au citron, annonce la petite voix flûtée du garçonnet.

—Colin! Il faut garder le silence, dit la maman en fronçant les sourcils.

—Mais maman, je veux prendre part à la leçon, moi aussi, insiste le petit. Les grands élèves pouffent de rire.

—Qu'est-ce qu'il raconte, ce petit?

—Il est comique, celui-là!

—Dis, Jean-Luc, ton petit frère s'amuse-t-il à lire tes livres de lecture?» demande un copain de classe.

Colin est très mécontent. Il se dresse sur la pointe des pieds pour mieux voir tous les élèves. Il récite très fort: «Avec **co**, avec **lin**, avec **sai**, avec **li**, avec **re**, je fais **Colin sait lire!** Et si ça ne vous plaît pas, tant pis!»

On applaudit, on félicite ce cher petit qui a si bien participé à la leçon. Comme récompense, mademoiselle Caroline lui a donné... Devinez! Une sucette au citron!

Parlons ensemble.

1. À quel temps de l'année, l'école Jacques-Cartier invite-t-elle les parents à visiter les classes?

2. Quelle classe madame Couture va-t-elle visiter?

3. Qui madame Couture amène-t-elle avec elle?

4. Quelle phrase nous dit que Colin aussi va à l'école?

5. À quelle leçon les parents assistent-ils?

6. Les élèves cherchent des mots dans lesquels **c** se prononce [k]. Quels sont les mots proposés par les élèves? Quel est le mot proposé par le petit Colin?

7. Pourquoi madame Couture dispute-t-elle le petit garçon?

8. Les élèves cherchent des mots dans lesquels **c** se prononce [s]. Quels sont les mots proposés par les élèves?

9. Pourquoi madame Couture fronce-t-elle les sourcils?

10. Comment les grands élèves réagissent-ils

aux paroles du petit Colin?

11. À quoi voyons-nous que Colin est mécontent?

12. D'après vous, Colin sait-il lire?

13. Quelle récompense mademoiselle Caroline offre-t-elle à Colin?

14. Composez une phrase qui contient un mot dans lequel **c** se prononce [k], et un mot dans lequel **c** se prononce [s].

POÈMES

Le coq

C'est moi le coq! Coquerico!
Ma crête sur mon bec se dresse
Rouge comme un coquelicot.
Je fais la guerre à la paresse.
Debout! Coquerico!
Et le bon travailleur se lève,
Aussi gai que le gai soleil.
Dans son lit, le paresseux rêve!
Sommeil de jour, méchant sommeil!
Qui veut vivre cent ans au cri du coq se lève.
Coquerico! Coquerico!

Jean Aicard

Le parapluie

Quand je me promène à la pluie
Avec mon beau grand parapluie
Les oiseaux qui volent d'en haut
Doivent se dire: «Quel chapeau!»

Ou bien: «Est-ce une maisonnette
Que cet enfant a sur la tête?»
Et moi, je ris, je suis heureux.
Que j'aime cela quand il pleut!

(auteur inconnu)

L'heure du dodo

Hier soir comme d'habitude, d'en haut
On entend: «Maman, je veux un verre d'eau.
—Mimi, je t'en porterai tout à l'heure.
Couche-toi bien vite, il passe neuf heures!»

Un instant après: «Maman, mon verre d'eau
Veux-tu le monter? Ma gorge est séchée.
—Dors!... ou je vais te donner la fessée!
—Maman, veux-tu, quand tu viendras là-haut
Pour ma fessée, l'apporter mon verre d'eau?»

Gaby Farmer-Denis

RÉVISION

p. 11 s = [z]

fraise
besogne
cuisine
blouson
voisine
heureuse

p. 11 ss = [s]

mousse
boisson
poussin
bassine
salissante
embrasse

p. 18 g = [g]

guère
gant
longueur
guichet
garçon
guirlande

p. 24 g = [ʒ]

géant
bougie

congé
garage
argent
plongeon

p. 30 enn, ess, ell, err, ett

benne
étrenne
ennémi
cesse
vitesse
caresse
ficelle
vaisselle
sautérelle
pierre
guerre
perroquet
miette
noisette

p. 36 er = [ɛR]

ferme
cercle
merci
chercher
fier
hier

p. 36 er = [e]

boucher
potager
enlever
déjeuner
verger
fermier

p. 43 ent

comment
ils parlent
souvent
elles jouent
gentiment
ils rient

p. 56 el, es, er,
ec, ef

réel
ciel
tunnel
veste
geste
escalier
cher
mer
ouvert
bec
insecte
rectangle
chef

p. 63 h, ph, th, rh

rhume
théâtre
dehors
phrase
hirondelle
éléphant

p. 69 t = [s]

nation
station
aviation
impatient
acrobatie
addition

p. 76 y = [i]

stylo
cygne
nylon
syllabe
pyjama
gymnase

p. 76 y = [j]

crayon
essuyer
voyage
joyeuse

tuyau
asseyons-nous
rayure
les yeux
balayer
fuyons
aboyer
s'ennuyer

p. 82　c = [k]

recule
facteur
cornet
abricot
mercredi
électrique

p. 88　c = [s]

citron
médecin
circuler
cigogne
princesse
pharmacien

p. 95　x = [ks]

boxeur

extra
index
excité
explique
excusez

p. 95　ex = [ɛgz]

exemple
exacte
exige
exercice
examine
exagère

p. 102　ui, ué, ua, uin

juin
nuage
pluie
nué
cuiller
situé
buisson
juillet
buée
ennui
remué
puisque